CON GRIN SU CONOCIMIENTOS VALEN MAS

- Publicamos su trabajo académico, tesis y tesina

- Su propio eBook y libro - en todos los comercios importantes del mundo

- Cada venta le sale rentable

Ahora suba en www.GRIN.com
y publique gratis

Bibliographic information published by the German National Library:

The German National Library lists this publication in the National Bibliography; detailed bibliographic data are available on the Internet at http://dnb.dnb.de .

Imprint:

Copyright © 2016 GRIN Verlag, Open Publishing GmbH
Print and binding: Books on Demand GmbH, Norderstedt Germany
ISBN: 9783668373501

This book at GRIN:

http://www.grin.com/es/e-book/349806/adolescencia-y-juventud-resumen-psicolo-gico-comparativo

Mayle Martínez

Adolescencia y Juventud. Resumen Psicológico Comparativo

GRIN Publishing

GRIN - Your knowledge has value

Since its foundation in 1998, GRIN has specialized in publishing academic texts by students, college teachers and other academics as e-book and printed book. The website www.grin.com is an ideal platform for presenting term papers, final papers, scientific essays, dissertations and specialist books.

Visit us on the internet:

http://www.grin.com/

http://www.facebook.com/grincom

http://www.twitter.com/grin_com

ADOLESCENCIA Y JUVENTUD:

RESUMEN PSICOLÓGICO COMPARATIVO

Mayle Martínez Pérez

ÍNDICE

ADOLESCENCIA

Resumen de la Situación Social del Desarrollo[1]

SISTEMA DE ACTIVIDAD

Actividad docente o formal:

El adolescente, al igual que el escolar, se encuentra inmerso en la actividad de estudio, como actividad fundamental e institucionalizada. No obstante, en esta etapa el carácter de la actividad de estudio cambia esencialmente, tanto por su contenido como por su forma.

En la adolescencia hay una mayor (diferenciación de las asignaturas, la cuales tienen un carácter científico), por lo que por lograr su adecuada asimilación el adolescente debe desarrollar nuevos métodos de estudio. Este carácter de la enseñanza, unido a la ampliación de la experiencia del adolescente, favorece el surgimiento del pensamiento teórico, así como el logro de un nivel superior en su actitud cognoscitiva hacia la realidad. En este sentido, los intereses cognoscitivos se transforman en intereses teóricos, que sirven de base a la aparición de intereses profesionales.

Actividades extradocentes e informales:

Entre las que se destacan las culturales, deportivas, políticas, y recreativas entre otras, que contribuyen por una parte a la ampliación de sus intereses y por otra, al desarrollo de sus capacidades. Es de señalar que tanto la participación del adolescente en estas actividades, como en aquellas que realiza en su tiempo libre, es más independiente y selectiva que la del niño de edad escolar.

---

[1] Categoria Psicologica del enfoque Historico-Cultural

Sistema de Comunicación

Relación del adolescente con sus coetáneos:

La relación adolescente-adolescente está regulada por un "código de camaradería" que se basa en el respeto mutuo, la confianza total y el constante intercambio acerca de preocupaciones relativas a la vida personal. Este código impera en las *relaciones de amistad*, que en este período se caracterizan por la idealización del amigo y que se constituyen de manera selectiva y sostenida en base a un vínculo afectivo de gran valor para la subjetividad del adolescente.

Relaciones de pareja:

Que, aunque en esta etapa se caracterizan por ser inestables, contribuyen a la construcción de la identidad personal del sujeto y que al igual que las relaciones de amistad, son una importante fuente de afecto y de intercambio intelectual entre los adolescentes. En esta relación de comunicación los adolescentes reproducen las relaciones adultas en cuanto a tareas, motivos y normas de relación entre las personas.

El grupo, tanto formal como informal:

El grupo escolar y en el segundo, al grupo constituido esencialmente por los amigos y compañeros. En diversas investigaciones se ha demostrado, que a partir del 4to grado la aprobación del maestro comienza a ser desplazada en cuanto a significación afectiva por la aprobación de los coetáneos, la cual se convierte en motivo esencial de la conducta del niño. Algunos autores, apoyándose en diferentes investigaciones llegan a considerar que en la adolescencia el motivo fundamental de la conducta y actividad del adolescente es su aspiración a encontrar un lugar en el grupo de coetáneos. En esta etapa la opinión social del grupo posee mayor peso que la de los padres y maestros, y en este sentido, el bienestar emocional del adolescente depende si ha logrado ocupar el lugar al que aspira dentro de su grupo.

Otra particularidad característica de los adolescentes es su tendencia a evitar la crítica de sus compañeros, siendo capaces de renunciar a sus propios puntos de vista, para lograr la aprobación de sus coetáneos. En investigaciones realizadas por nosotros, con grupos de adolescentes cubanos, hemos constatado que valoran el fraude académico como expresión de camaradería, de ayuda al compañero y no como conducta que implica una trasgresión una norma moral asociada al valor honestidad. En esta etapa son sus cualidades personales, psicológicas y morales, las que determinan la posición del adolescente dentro del grupo. Estas cualidades son de carácter abstracto y se diferencian de aquellas que resultan importantes en la edad escolar como eran la iniciativa en el juego y la destreza física.

Los maestros:

Constituyen un elemento central en el sistema de comunicación del adolescente. La relación entre los adolescentes y sus maestros adquiere características diferentes a las presentadas en la edad escolar. El maestro deja de representar una "autoridad sagrada" y sólo puede ejercer su condición de modelo de conducta, si es aceptado como tal por los adolescentes, en función de sus características personales. Por esta razón, no basta que los adolescentes reconozcan la preparación técnica del maestro y su "superioridad" en relación con el volumen de conocimientos que posee en comparación con ellos. Resulta además esencial, la conducta social y moral del maestro, así como su capacidad para establecer una relación afectiva adecuada con loa adolescentes, basada en el respeto y la ayuda mutua, en la comprensión e implicación personal con las problemáticas que los adolescentes presentan. El adolescente interactúa con diferentes maestros, los cuales son portadores de diferentes valoraciones acerca de la realidad y de la propia personalidad del adolescente. Esta variedad de juicios, juega un importante papel en el desarrollo de la autovaloración y permite al adolescente, ganar mayor independencia en sus propias valoraciones.

La Familia:

En la vida familiar el adolescente debe responder a un conjunto de exigencias, en función de su desarrollo como personalidad. Aunque la opinión de los coetáneos ha sido considerada en la literatura psicológica como elemento fundamental que determina la conducta del adolescente, nosotros hemos comprobado, en entrevistas realizadas a grupos de adolescentes cubanos, que la opinión de los padres sigue teniendo gran importancia para el bienestar emocional del adolescente al igual que lo pautado por su grupo, en dependencia del estilo de comunicación que se ha haya desarrollado entre este y sus padres. Analizando en sentido general las características que adopta la relación adulto-adolescente podríamos señalar (siguiendo a A.V Petrovski) lo siguiente: El sistema de obediencia y subordinación característico de etapas anteriores se hace inadmisible para el adolescente. Este sistema de relación es difícil de trasformar, ya que el adolescente aún se prepara en la escuela para su futura vida laboral, depende económicamente del adulto y presenta rasgos de inmadurez e infantilismo. De no establecerse un nuevo sistema de interrelación entre el adulto y el adolescente, entre estos surge un conflicto, cuya causa es la contradicción entre los criterios de ambos acerca de los derechos, de los deberes y el grado de independencia que debe tener el adolescente. Este conflicto de hacerse crónico, puede conducir a la pérdida, por parte del adulto, de su influencia sobre la personalidad en formación del adolescente, en una etapa donde se produce un importante desarrollo de su esfera moral. La solución de este conflicto puede lograrse si el adulto y el adolescente establecen relaciones de colaboración y comunicación sobre la base del respeto, la confianza y la ayuda mutua.

La crisis de la adolescencia:

Muy vinculada al problema antes analizado, aparece la llamada "crisis de la adolescencia", como aspecto distintivo de este período. Numerosos autores han tratado de dar una explicación a este fenómeno partiendo de diferentes posiciones. La corriente del universalismo biogenético aporta una interpretación biologicista de este fenómeno, al hacerlo depender de la maduración del organismo. Por su parte, los antropólogos culturales, se sitúan en el polo contrario, considerando el ambiente; es decir las influencias sociales, no vistas en su condicionamiento histórico, como determinantes de la crisis. A estas posiciones se suman aquellas que identifican la crisis con los conflictos generacionales. Es una crisis de carácter psicológico que expresa la contradicción existente entre las potencialidades psicológicas crecientes del adolescente, de las cuales esta va siendo cada vez más consciente y las posibilidades reales para su realización. Esta contradicción es provocada por la "posición intermedia" que ocupa el adolescente. Por una parte, se plantean a su comportamiento exigencias elevadas ya que debe mantener una disciplina consciente, realizar con seriedad sus tareas, comportarse de manera reflexiva e independiente y por otra, se le brindan pocas posibilidades de organizar por sí mismo su comportamiento, pues realmente no siempre se encuentra preparado para tener el grado de independencia al que aspira. La necesidad de independencia y autoafirmación; características del adolescente, son expresión de la crisis, manifestándose en ocasiones a través de conductas que resultan desagradables al adulto. Así, tratan de destacarse en alguna esfera, de poner en apuros al adulto con sus preguntas, emplean estilos altisonantes de conversación, dan muestra de sabihondez acentuada, tratan de ser originales en el uso de la moda o presentan un extremo abandono de su apariencia física. Estas manifestaciones son expresión, de la inseguridad del adolescente y a la vez, una forma de buscar apoyo y comunicación con quienes le rodean. Su expresión tendrá un carácter más o menos marcado, en función del manejo que logran los adultos cercanos al adolescente de su comportamiento.

JUVENTUD

Situación Social del Desarrollo

SISTEMA DE ACTIVIDAD Y COMUNICACIÓN

La Edad Juvenil constituye un período clave en el proceso de desarrollo de la personalidad. La nueva "posición objetiva", social, que ocupa el joven condiciona la necesidad de determinar su futuro lugar en la sociedad. Es de suponer que todo el desarrollo psicológico precedente le permite delinear su "sentido de la vida", como conjunto de objetivos mediatos que se traza, los cuales se vinculan a las diferentes esferas de significación para la personalidad y requieren de la elaboración de una estrategia encaminada, a emprender acciones en el presente, que contribuyan al logro de metas futuras. El joven debe decidir, en primer término, a qué *actividad científico-profesional o laboral* va a dedicarse, y en consonancia con esta decisión, organizar su comportamiento. Es por esto, que, aunque en esta etapa también encontramos tendencias generales en el desarrollo de la personalidad, se presentan diferencias entre los jóvenes que comienzan a trabajar y aquellos que continúan siendo estudiantes, lo cual repercute en el *sistema de comunicación*, en cuanto a las expectativas y exigencias de la familia, los compañeros y la sociedad en general. Estas influencias actuarán sobre la personalidad de forma más mediata que en etapas anteriores; así, por ejemplo, aunque *la opinión social del grupo* continúa siendo un factor importante para su desarrollo y bienestar emocional, el joven es capaz de oponerse a los criterios de sus compañeros, si considera justas y fundamentadas sus propias opiniones.

Las relaciones con los adultos

Pierden su carácter conflictivo y el joven comienza a proyectar la creación de la familia propia. La situación social del desarrollo en esta etapa conduce el proceso de autodeterminación de la personalidad que actúa en calidad de premisa y a la vez resultado, de las exigencias que debe cumplimentar. Este nivel de regulación, también dependerá de las condiciones de vida y educación en las que haya transcurrido el desarrollo de la personalidad, de si las mismas han preparado al joven para actuar en base a propósitos conscientemente adoptados, que mediaticen las contingencias situacionales.

CARACTERÍSTICAS DEL DESARROLLO DE LA PERSONALIDAD EN LA ADOLESCENCIA

Desarrollo intelectual:

La asimilación consciente de un sistema de conceptos que comienza a producirse a partir del 5to grado, así como las exigencias más elevadas que plantea la Enseñanza Media, conducen al surgimiento, en la adolescencia, del pensamiento conceptual teórico. Este pensamiento, que S.L. Rubinstein denomina raciocinio teórico de conceptos abstractos, permite al adolescente realizar reflexiones basadas en conceptos, elaborar hipótesis como juicios enunciados verbalmente, los cuales puede comprobar y demostrar a través de un proceso deductivo, de lo general a lo particular.

El desarrollo del pensamiento en esta etapa se pone de manifiesto en la posibilidad del adolescente de fundamentar sus juicios, de exponer sus ideas de forma lógica, llegar a generalizaciones amplias, ser crítico con relación a determinadas teorías y a su propio pensamiento. Además, el adolescente utiliza formas lingüísticas del pensamiento abstracto tales como símbolos, fórmulas, etc., que son expresión de las características que adopta la relación pensamiento y lenguaje, en un nuevo nivel cualitativo de desarrollo.

Limitaciones en esta esfera:

Las teorías que elabora el adolescente son simples y en ocasiones carecen de fundamentación y de elementos creativos, del mismo modo que las argumentaciones que da a sus juicios.

Jean Piaget, estudioso del pensamiento infantil, considera que es característico en el adolescente el pensamiento *operatorio formal*. Este pensamiento, se basa en la lógica de las proposiciones: el adolescente deduce en el plano mental unas hipótesis de otras, por lo que también *lo denomina pensamiento hipotético-deductivo*. Esta lógica de las proposiciones opera como una combinatoria, basada en el grupo INRC o de las dos reversibilidades como estructura lógica del pensamiento formal. En esta etapa según Piaget se alcanza la reversibilidad completa en el plano del pensamiento, lográndose así el nivel superior en el proceso de descentración.

El pensamiento teórico continúa desarrollándose durante toda la etapa de la adolescencia, convirtiéndose en factor que contribuye al surgimiento de la concepción del mundo en la edad juvenil.

Características del desarrollo de la personalidad en la Edad Juvenil.

Desarrollo Intelectual:

Continúa consolidándose el pensamiento teórico que, surgido en la adolescencia, aún presentaba determinadas limitaciones. Este desarrollo posibilita la elaboración consciente por parte del joven de los principales contenidos de su motivación y se vincula estrechamente al surgimiento de la concepción del mundo, alcanzando un nuevo nivel cualitativo la unidad de lo cognitivo y lo afectivo en la personalidad.

También en esta etapa el desarrollo del pensamiento se encuentra estrechamente vinculado al carácter del proceso de enseñanza. En investigaciones realizadas por O. González, T. Sanz y A. Hernández, especialistas del Centro de Estudios para el perfeccionamiento de la Educación Superior (CEPES), encaminadas al diagnóstico del nivel de desarrollo de los procedimientos lógicos en estudiantes universitarios, se constató que procedimientos, tales como la identificación, la clasificación, la generalización y la deducción se encuentran poco desarrollados. Además, se puso de manifiesto que el desarrollo de estos procedimientos no se vincula de forma directa con el éxito docente, situación que revela que los mismos no funcionan como indicadores del conocimiento y las habilidades logradas por los estudiantes, todo lo cual es resultado de la forma en que se estructura y organiza el proceso de enseñanza.

Desarrollo afectivo-motivacional:

Las emociones y los sentimientos:

El adolescente se caracteriza por su gran excitabilidad emocional, lo cual es muestra de su elevada sensibilidad afectiva. Sus sentimientos se hacen más variados y profundos y surgen nuevos sentimientos como por ejemplo los amorosos, logrando un mayor control consciente de la expresión de los mismos.

El desarrollo moral:

Se va a caracterizar por la aparición de un conjunto de puntos de vista, juicios y opiniones propias de carácter moral, que participan en la regulación del comportamiento del adolescente, con relativa independencia de las influencias situacionales. No obstante, aún las posiciones morales que adopta el adolescente dependen, en gran medida, de las exigencias morales vigentes en su grupo de coetáneos. La regulación moral en esta etapa no alcanza el nivel superior o autorregulación, por la ausencia de una concepción moral del mundo, formación típica de la edad juvenil, cuyo núcleo lo constituyen las convicciones y valores morales del sujeto. En los adolescentes el comportamiento honesto, al igual que en los escolares, se lleva a cabo fundamentalmente por la necesidad de aprobación social, no obstante, comienza a aparecer de manera incipiente la necesidad interna de comportarse moralmente, característica en los jóvenes.

Surgimiento de un nuevo nivel de autoconciencia:
Este desarrollo está determinado en gran medida por la necesidad del adolescente de conocerse a sí mismo y ser independiente. La autoconciencia adquiere un carácter generalizado, permitiendo al adolescente una mayor objetividad en sus juicios, así como en la valoración de sus propias cualidades y las de otras personas e influyendo de manera decisiva en el desarrollo de la autovaloración.

La autovaloración:

Adquiere un carácter consciente y generalizado, aunque aún el adolescente no realiza una fundamentación adecuada de sus características personales como sistema y en ocasiones, las cualidades que destaca al autovalorarse son abstractas, no logrando establecer un vínculo adecuado entre dichas cualidades y su comportamiento diario.

Los contenidos más mencionados por los adolescentes al autoevaluarse son los referidos al estudio, la recreación, la familia y los compañeros. En general, estos contenidos fueron expresados de manera formal, sin un compromiso emocional que garantice su carácter regulador en el comportamiento. Si bien los adolescentes logran autovalorarse, en cierta medida, en la esfera del estudio, aún la futura profesión y su reflexión en torno a las características necesarias para su desempeño, no forman parte significativa del esquema autovalorativo. Muy relacionado con desarrollo de la autovaloración se producen transformaciones en los ideales, formación motivacional compleja que también juega un importante papel en la regulación del comportamiento.

Los ideales

Adquieren un carácter generalizado y pueden estar representados por uno o varios modelos, en los que el adolescente destaca cualidades concretas y abstractas de carácter psicológico-moral. Estos modelos son portadores, en muchos casos, de valores morales elevados, por lo que les resulta difícil a los adolescentes, imitarlos en su comportamiento cotidiano.

En relación con la estructura, los ideales concretizados y generalizados resultan en esta etapa lo más típicos, aunque el problema de la estructura del ideal y su efectividad, no haya encontrado una conceptualización definitiva en nuestra ciencia.

Motivación profesional:

Formación también conocida bajo el término de intereses profesionales, tenemos que la elección de la futura profesión aún no constituye un problema para el adolescente. Comienzan a desarrollarse motivos o intereses profesionales a partir de los intereses cognoscitivos, inclinándose hacia las profesiones que están más vinculadas a las asignaturas preferidas o que poseen un mayor reconocimiento social. En las investigaciones de Fernando González, expuestas en su libro "Motivación profesional en adolescentes y jóvenes", los adolescentes estudiados se distribuyen de la manera siguiente, de acuerdo con las características que presenta esta formación motivacional: Un nivel de intenciones profesionales precisas y bien fundamentadas, que se constata en sujetos que expresan un conocimiento adecuado del contenido de la futura profesión, hacia la que manifiestan un vínculo afectivo positivo e incipiente desarrollo de su elaboración personal. Un nivel inferior de desarrollo de las intenciones profesionales representada por aquellos sujetos que poseen un pobre conocimiento del contenido de la profesión futura, hacia el que no manifiestan una relación emocional. En nuestras investigaciones, además de estos grupos encontrados por Fernando González establecimos un tercer nivel, en el que agrupamos a aquellos estudiantes que presentan una orientación general hacia diferentes ramas del saber cómo la ciencia, la técnica, o el arte, por ejemplo, o de lo contrario refieren como preferidas diferentes profesiones que pueden o no encontrarse relacionadas entre sí, de acuerdo con su objeto de estudio. En sentido general, es característico en los adolescentes orientarse hacia diferentes profesiones, en los marcos de la actividad docente, sin lograr una precisión y fundamentación de sus propósitos en esta esfera, ni una participación activa y consciente en actividades extradocentes, relacionadas con su futura vida profesional.

Desarrollo afectivo-motivacional:

Edad juvenil

En esta etapa, encontramos como adquisición fundamental del desarrollo de la personalidad, la aparición de la concepción del mundo, formación psicológica que permite la integración sistémica de sus diferentes componentes.

La concepción del mundo:

Es la representación que posee el joven de la realidad en su conjunto, abarca un conocimiento valorado de sus leyes, del lugar que ocupa el hombre en ella y de sí mismo, por lo que presenta un carácter generalizado y sistematizado. Esta formación permite al joven elaborar criterios propios en las esferas de la ciencia, la política, la moral y la vida social en general. Estos puntos de vistas con los que se siente afectivamente comprometido, se convierten en reguladores afectivos del comportamiento. En este sentido, se crean las bases para el proceso de autodeterminación de la personalidad; es decir, la posibilidad de actuar de forma consciente y reflexiva, con relativa independencia de las influencias externas. El surgimiento de la concepción del mundo es un resultado de todo el desarrollo psicológico precedente y especialmente, como señala L.I. Bozhovich, de la necesidad de autodeterminación del joven, condicionada por su posición social y por el desarrollo del pensamiento teórico, proceso intelectual que refleja los nexos esenciales de los objetos y fenómenos de la realidad.

Los componentes morales de la concepción del mundo:

Sistema de normas y valores de carácter moral, que posibilitan la regulación interna del comportamiento en esta esfera apareciendo la llamada moral autónoma para J. Piaget o moral de los principios autoaceptados, según L. Kohlberg.

Autovaloración:

El joven logra una representación más exacta y estable de sus cualidades como persona, cuestión que le permite una regulación más efectiva de su comportamiento. Además, se desarrolla la función autoeducativa de la autovaloración, al plantearse el sujeto tareas y vías de su autoperfeccionamiento. No obstante, en investigaciones realizadas por nosotros con jóvenes estudiantes y trabajadores se manifestó una tendencia a valorar, en término de virtudes, cualidades morales tanto en lo referido a su propia persona como a otros como la modestia, la honestidad, el colectivismo, etc., no sucediendo así cuando de defectos se trata, ya que, aunque en los demás continúan señalando como cualidades negativas relevantes las de carácter moral (hipócrita, cobarde, deshonesto, etc.). En sí mismo tienden a señalar como defectos cualidades psicológicas (apasionado, impulsivo, tímido). Esta situación puede indicar la existencia de limitaciones en la autocrítica, parámetro esencial de la educación de la autovaloración.

Ideales:

Diferentes autores como L.I. Bozhovich y F. González, coinciden en señalar que, en esta etapa, el joven se convierte en el propio centro de su ideal, el cuál actúa en calidad de motivo y patrón de valoración de su propia conducta y de la de otras personas. En los estudiantes la gama de selección se amplía incluyendo también, en mayor medida, a compañeros o personalidades históricas.

La motivación profesional:

Diferentes autores entre los que se destacan L.I. Bozhovich y G.I. Shukina, señalan que, en la edad juvenil, la elección de la futura profesión constituye un momento esencial y se convierte en el centro psicológico de la nueva situación social del desarrollo. Esta elección, si bien puede realizarse por motivos no orientados directamente al contenido de la profesión como son lograr la aprobación social, obtener un buen salario, ser útil a la sociedad, etc., debe constituir una aspiración en el proceso de formación de la personalidad del joven y producirse como un verdadero acto de autodeterminación. Esto significa que el joven adopte una decisión conscientemente fundamentaba y elabore una estrategia encaminada al logro de objetivos mediatos, que regulan el comportamiento presente en base a lo decidido. Esta toma decisión debe ser resultado de la valoración que realiza el joven de sus intereses y capacidades, de las posibilidades objetivas de hacer realidad sus aspiraciones y de los principales requerimientos de la sociedad, en lo que a la formación de profesionales se refiere. Solo combinando acertadamente estos criterios, podrá encontrar la vía más adecuada de realización personal en esta esfera.

En nuestro país, la investigación de este tema iniciada hace ya algunos años por D. González y F. González y continuada hasta el presente por diferentes investigadores como H. Valdés, L. Ibarra, H. Brito, V. González y L. Domínguez. Los resultados de estos trabajos indican de manera unánime la existencia de un conjunto de limitaciones en el desarrollo de esta formación en estudiantes de preuniversitario y de nivel superior, así como los motivos de estudio investigados por A. Mitjans y A.L. Segarte, todo lo cual repercute negativamente en la calidad docente del estudiante y en su preparación como futuro especialista. Nosotros desde 1890 nos hemos dedicado a estudiar el desarrollo de la motivación profesional en jóvenes estudiantes, así como los aspectos de la autovaloración vinculados a las esferas del estudio y la futura profesión y el ideal profesional, entendido como elaboración de una proyección futura en esta esfera. Como resultados más significativos de estos estudios podemos señalar, que las limitaciones del desarrollo de la motivación profesional también se expresan en la autovaloración y el ideal. Los estudiantes que poseen un insuficiente desarrollo de la motivación profesional presentan una pobreza de contenidos autovalorativos en esta esfera y no logran elaborar una proyección de su futura vida profesional, que se guíe su comportamiento presente. También constatamos que no se presenta una relación directa entre el desarrollo de estas formaciones y la calidad docente del estudiante. Estos resultados nos hacen pensar que la forma en que hasta el presente se estructura la enseñanza en los niveles medio y superior no promueve adecuadamente el desarrollo de estos componentes de la personalidad.

RESUMEN

ADOLESCENCIA

En la etapa de la adolescencia se produce una ampliación de los sistemas de actividad y comunicación que determina el surgimiento de un conjunto de particularidades psicológicas características de este período. Como logros fundamentales del desarrollo de la personalidad podemos señalar, el surgimiento del pensamiento teórico y de una actitud cognoscitiva más activa hacia el conocimiento de la realidad, lo que unido al desarrollo de formaciones motivacionales complejas como la autovaloración, los ideales, y la motivación profesional, posibilitan una regulación más consciente y efectiva del comportamiento. Especial progreso se produce en la esfera moral, aún sin la presencia de una concepción del mundo, formación típica de la edad juvenil. Estos aspectos permiten una reorganización de la esfera motivacional, una mayor estabilidad de la jerarquía de motivos y, por tanto, el logro de un nuevo peldaño en la conquista de la autodeterminación, como indicador esencial de la personalidad adulta desarrollada. Todas estas adquisiciones, al ser objeto de reflexión consciente por parte del adolescente y vivenciarse como potencialidades, lo impulsan a exigir de quienes le rodean mayor independencia y respeto para su individualidad y a mostrar conductas que permiten valorar este período como una etapa crítica. De aquí la importancia de dirigir conscientemente las influencias educativas que se ejercen sobre los adolescentes por parte de la familia, la escuela y la sociedad en general. Solo el conocimiento de las regularidades del desarrollo de la personalidad en esta etapa, así como de los cambios anatomofisiológicos también presentes, nos permitirán hacer realidad en la práctica un principio esencial de la Psicología y la Pedagogía: la enseñanza conduce al desarrollo y lo dirige. Este principio se traduce en la necesidad de "conducir" al adolescente por aquellos derroteros que le permitan elaborar su "sentido de la vida", de forma tal que haga suyos aquellos valores y legítimas aspiraciones de la sociedad que construimos, a través de su asimilación activa y
personal, proceso que se sustentará en regulación consciente de su comportamiento y el surgimiento de la concepción del mundo en la edad juvenil.

RESUMEN

EDAD JUVENIL

En la edad juvenil culmina en lo esencial el proceso de formación de la personalidad. El surgimiento de una estructura jerárquica suficiente-mente estable de motivos, su fundamentación a través de la elaboración consciente del sujeto en base al desarrollo intelectual alcanzado, la consolidación de formaciones motivacionales complejas como la autovaloración y los ideales, permiten la regulación efectiva del comportamiento en las diferentes esferas de significación para la personalidad. Todo este sistema de necesidades, motivos y aspiraciones, se integra a la concepción del mundo, formación típica de esta etapa, que representa el nivel superior de integración de lo cognitivo y lo afectivo en la personalidad. Así de un ser indefenso, sujeto a las influencias situacionales en los primeros períodos en los que van conformándose gradualmente los componentes esenciales de la personalidad, arribamos a una etapa donde el desarrollo psicológico alcanzado posibilita la regulación interna del comportamiento; es decir, su autorregulación. Esta etapa de plenas potencialidades para la personalidad, que se caracteriza por su capacidad de autodeterminación, es un resultado de todo el proceso de su educación, la cual debe dirigirse desde las edades tempranas a la formación de la personalidad como individualidad, como sujeto activo y reflexivo, consciente de sus posibilidades y comprometido con su realidad social.

BIBLIOGRAFÍA

- **Domínguez García Laura.** Psicología del Desarrollo: adolescencia y juventud Selección de lecturas. 1ra Edición Editorial Félix Varela 2003, 1ra reimpresión. La Habana: Editorial Félix Varela; 2006.

- _____ Psicología del Desarrollo Problemas, Principios y Categorías.

- **Bozhovich, L.I,** La Personalidad y su formación en la edad infantil. 3ra reimpresión. La Habana: Editorial pueblo y educación: 1987.